ÉTUDES

SUR

LA SITUATION.

———∞———

L'Organisation du Travail étant le but, le changement à la Loi actuelle de Crédit
doit être le premier moyen.

———∞———

PARIS,

IMPRIMERIE LACRAMPE ET FERTIAUX,

Rue Damiette, 2.

AVERTISSEMENT.

Ces Études étaient terminées bien avant les Journées de Juin ; rien n'y a pourtant été changé. L'Auteur croit inutile de faire ressortir les quelques appréciations différentes qui pourraient en être la conséquence ; il laisse au Lecteur le soin de ces modifications.

ÉTUDES

SUR

LA SITUATION.

————∘✤∘————

PREMIÈRE PARTIE.

Étude sur l'Organisation du Travail.

————∘✤∘————

Au milieu des graves agitations produites par l'étude de la question brûlante de l'*Organisation du Travail*, il est du devoir de tout citoyen d'émettre les idées qu'elle lui suggère, surtout si ces idées, après avoir subi la contradiction de quelques personnes éclairées, ont le plus souvent vu les contradicteurs se ranger à elles.

Au lendemain de notre révolution, chaque jour l'ouvrier s'assemblait, et députait ou allait en corps auprès du Gouvernement provisoire, demandant ou une augmentation de salaire, ou une réduction d'heures de travail, et assez souvent le tout à la fois.

Tout en respectant alors la liberté des transactions en ce qui regarde les salaires, le Gouvernement est cependant intervenu d'office dans le règlement des heures de travail.

Ç'a été là, selon moi, un premier pas dans une voie funeste, et comme, pour être écoutée, toute critique de cette nature veut avec soi sa démonstration, j'ai à établir que la voie dans laquelle on voulait entraîner le Gouvernement est une voie fausse, ruineuse et de tout point contraire aux vrais intérêts de la société, de la France, et surtout de ceux-là même qui, faute de bien s'en rendre compte, et séduits par une amélioration immédiate de leur position, y poussent de toutes leurs forces, c'est-à-dire contraire aux intérêts des ouvriers.

Laissant de côté les développements économiques pour ne m'appuyer que sur des considérations générales, vulgaires, mais évidemment palpables, je veux en peu de mots :

1° Rechercher les causes de la situation actuelle

2° Et les conditions de sa disparution ;

3° Déterminer la part d'action du Gouvernement

4° Et celle de tout citoyen dans la tâche d'organisation qui est à l'ordre du jour ;

Après quoi, je l'espère, tous les ouvriers, tous les véritables ouvriers du moins, seront les premiers à changer leur cri de ralliement et à adopter celui de *diminution des salaires.*

§. Ier. — CAUSES DU DÉSORDRE SOCIAL ACTUEL.

La grande révolution que nous venons d'opérer a été un modèle, un miracle de modération : aussi de tous ceux qui, il y a quelques mois, eussent tremblé en se voilant la face au seul mot de République, il en est peu qui aujourd'hui ne soient de sincères républicains.

Pourquoi ? C'est que, dès avant février, il y avait chez tous le sentiment d'une grande injustice. Chacun comprenait, sans le vouloir ou plutôt sans oser y porter remède, que tout ce peuple travaillant, suant, et néanmoins par fois mourant encore de faim, avait été créé pour remplir d'autres destinées. Oui, chacun le comprenait. Mais abusé, dominé par de fausses terreurs, nées d'un égoïste intérêt et exploitées par quelques misérables, chacun, par crainte de sa propre destruction, préférait des mesures répressives à des mesures réparatrices.

Aujourd'hui au contraire, alors que le peuple vainqueur et maître en février, s'est montré si modéré, si juste, il n'est personne qui ne comprenne que l'heure est venue. Et quand je dis : l'heure est venue, je ne veux point dire l'heure des réparations. Les réparations ne sont que des réactions : c'est la satisfaction de l'un au détriment de l'autre, c'est le déplacement de l'injustice. L'heure qui a sonné est l'heure de la justice !

L'unique cause de la perturbation sociale qui nous agite, est donc un besoin senti de tous, le besoin d'équité, le désir d'améliorer la condition du peuple, en un mot un besoin de nivellement par l'élévation des humbles et non par l'abaissement des puissants.

Mais d'abord caractérisons bien la situation : ce sera signaler la cause du mal.

La condition prospère d'une société réside spécialement dans sa

production et plus en particulier encore dans un écoulement avantageux de ses produits sur *les marchés étrangers* (1). Or, qu'est-ce
que la production sinon le résultat de l'action combinée du capital et
du travail? résultat qui sera bon si l'action combinée des deux termes
d'où il dérive est bonne ; médiocre s'il n'y a de bon que l'action d'un
des deux termes ; mauvaise si l'action de tous deux est mauvaise.
Aussi, est-ce à une fausse combinaison des deux éléments de production, *capital et travail*, combinaison vicieuse, entachée d'injustice, que
nous devons tous nos maux, toutes nos révolutions : chacun a compris qu'il s'agit de l'asservissement du travail par le capital.

Jusqu'à présent le capital, protégé par des lois de privilége, a été
le tyran du travail ; au travail la tâche, et au capital les instruments
de production : mais au capital seulement le bénéfice de cette production ! Telle était l'effet de notre législation : l'outil confisquant
à son profit le bras qui le fait mouvoir ! De sorte que là où, dans un
intérêt commun et bien entendu, il y eût dû avoir association, il n'y
avait qu'antagonisme ; là, où il eût été à désirer de rencontrer unani-
mité de vues, convergence de volontés pour arriver au seul résultat
avantageux, la production à bon marché, il n'existait que buts et
moyens opposés : ici le patron ne cherchait qu'à obtenir pour ses
produits un prix de revient toujours décroissant ; là, l'ouvrier par le
maintien ou l'augmentation du prix de sa main-d'œuvre, tendait
toujours au maintien ou à l'augmentation de ce même prix de revient.

Quelle possibilité de bien produire dans de pareilles conditions ?
L'antagonisme nécessite des lois répressives ; ces lois des moyens
d'exécution, et le tout se traduit en impôt ou augmentation nouvelle
du prix de revient de la production, c'est-à-dire charge pesant à la
fois sur le capital et le travail, mais surtout sur ce dernier. Ajoutez
encore à ces conséquences forcées de l'antagonisme entre le capital et
le travail la variation des salaires, résultat accidentel de hausse si les
demandes sont fortes, de baisse quand elles diminuent, variation qui
vient à chaque instant par sa fluctuation augmenter le désordre
industriel en donnant raison aujourd'hui au travailleur, demain au
patron, et vous aurez, je crois, les vraies raisons de notre désastre
social.

Aussi, sous un pareil régime, après avoir passé par ces diverses
phases : atonie du commerce, agonie du commerce ; souffrance
des classes pauvres, misère des classes pauvres, on arrive forcément à une catastrophe. Heureux les peuples chez qui elle se pro-

___

(1) On comprend en effet que le bénéfice d'un produit consommé à l'intérieur
par la société, est un bénéfice pris par la société sur elle-même.

duit avec sagesse et équité; bénies les catastrophes semblables à celle qui en février a été déterminée chez nous par un mot d'ordre que ses auteurs ne croyaient peut-être que politique, alors qu'il était essentiellement social.

Je crois donc que chacun me comprendra maintenant lorsque pour qualifier la crise actuelle je dirai : *le travail est en révolte contre le capital.*

Il réclame, non pas en faveur du passé qu'il couvre du voile de l'oubli, mais en faveur de l'avenir, la mise en pratique de notre devise : *égalité.* Il veut compter d'égal à égal dans la production, avec le capital ; il veut qu'il y ait entre le capital et lui *société,* c'est-à-dire *fraternité, aide mutuelle dans l'accomplissement du grand œuvre de l'humanité, la production.*

Il sait reconnaître le concours du capital et admet de partager avec lui, mais il veut que le capital reconnaisse aussi le concours du travail et admette ce dernier à la communion des bénéfices.

Telle est, selon moi, d'une manière sommaire, la nature de la crise que nous avons à surmonter. Causée, déterminée, nous l'avons vu, par le manque de justice, l'absence d'égalité dans les rôles du capital et du travail, elle ne peut être conduite à bonne fin que par la mise en pratique réelle de notre nouvelle et désormais immortelle devise : Liberté, Égalité, Fraternité.

§ II. — CONDITIONS NOUVELLES D'ORDRE.

Avoir reconnu la vraie cause d'un mal, c'est en avoir presque indiqué le remède. Mais le mal que nous venons de reconnaître est infiniment moindre chez nous que partout ailleurs, et la France se trouve en cela, j'ose le dire, favorisée entre les nations. En effet, chez elle, le mal va se trouver attaqué presque à son origine, et sa guérison ne nécessitera plus l'emploi de ces remèdes violents qui ne rendent la santé au corps qu'au détriment de quelques organes. Combien la situation de l'Angleterre, par exemple, est plus grave, plus dangereuse que la nôtre ! Le paupérisme est comme une lèpre toujours grandissante attachée à son flanc ; les parties non attaquées de ce cadavre marchant, les seules qui osent s'exposer à découvert, sont florissantes de toute la part de vie qu'elles dérobent à leurs sœurs ; le visage est épanoui, coloré, et le vêtement cache un tronc et des membres souffreteux, abâtardis. Aussi, qui oserait, lorsque sera venu pour ce pays le jour de la justice, qui oserait indiquer le traitement nécessaire à guérir de pareils maux ?

Je l'ai dit, chez nous le mal n'en est qu'à une période première, et d'autant moins difficile à guérir. Trop peu de temps s'est écoulé depuis notre solennelle proclamation des droits de 93, pour que l'asservissement du travail par le capital ait pu arriver à obtenir la consécration du temps, et toujours quelques actes d'émotion populaire sont venus protester et empêcher la prescription.

Or, par cela même que l'injustice n'a pas franchi chez nous ses dernières limites, par cela même qu'il n'y a eu pour ainsi dire que froissement et non abrutissement de la classe pauvre, par cela même aussi il est plus facile de comprendre et de faire comprendre à tous les vraies conditions du rétablissement de l'ordre et du règne de la justice. Ces conditions, les voici :

1º Le respect des droits existants, du *statu quo* en ce qui touche les fortunes, la propriété;

2º Une sage délimitation des *droits;*

3º Et enfin une rigoureuse prescription des *devoirs* de cette même propriété, dans sa jouissance et dans son action future; ou, plus simplement, *respect*, mais aussi *règlement d'action du capital.*

Quelques développements des trois propositions qui précèdent :

Une égale division du capital, une loi agraire (1) enfin, n'est pas une mesure qui doit être repoussée en considération de ses difficultés d'exécution, mais bien comme une mesure injuste, et qui ne tarderait pas à nous apparaître pour ce qu'elle est réellement, c'est-à-dire destructive de toute société. En effet, sans examiner si les intérêts que lèscrait sa mise à exécution sont des intérêts fondés sur un droit légitime, sans chercher à qualifier les dépossessions, qui en seraient la suite, voyons si un pareil partage répondrait à nos vues d'équité, et à notre loi absolue d'offrir la condition la meilleure de production.

Comme équité. — De prime abord, et au point de vue de l'individualisme, rien de mieux, c'est mathématique! Capital dividende..... tant; nombre de citoyens diviseur..... tant; quotient..... tant. Et cependant, rien de plus faux. En effet, est-il tenu compte dans cette opération de la disparité des besoins naturels des co-partageants? Et cependant, la nature, mère bienfaisante, a dû se charger, non de dispenser à ses enfants une quotité déterminée de ses dons, mais de suffire à tous leurs besoins.

(1) Il'est à remarquer que la loi agraire, qui a joué depuis un si grand rôle et fourni matière à tant de disputes, n'était pas chez les Romains, de qui nous la tenons, la proposition d'un partage des propriétés privées, mais seulement la proposition de répartir entre les citoyens les terrains provenant de conquêtes, au lieu de les affermer au profit du trésor public.

Comme meilleure condition de production. — L'intérêt social ou l'amélioration du sort de tous, étant un but qui demande le concours de tous, agissant chacun dans les limites de ses forces et dons naturels, est-ce qu'une égale division du capital fournira à chacun un égal moyen de travail? Chacun sera-t-il mis en demeure de fournir son contingent naturel, son contingent le meilleur possible dans l'œuvre de la production? Non.

Le citoyen débile, pauvre d'esprit, sera insuffisant à sa tâche, et, courbé sous le labeur, ne saura faire fructifier au degré voulu sa part de capital. Au contraire, le citoyen vigoureux et intelligent n'aura entre les mains qu'un instrument insuffisant de travail; et sa part de production, bien qu'en harmonie avec la quotité de capital mise à sa disposition, ne pourra couvrir le déficit causé à la somme de production générale par l'incapacité du premier. Et le résultat de cette répartition des moyens de travail, égale mathématiquement, mais inégale en considération des aptitudes, sera un appauvrissement social sous deux rapports : 1° décroissance de la production; 2° dépérissement du capital, des moyens de travail confiés à des mains incapables, à moins que le travailleur plus vigoureux, plus intelligent, n'empiète sur le domaine de son frère plus chétif, cas auquel nous retombons dans l'ancien cercle vicieux de la propriété. Il n'y a déjà plus d'égalité. Gardons-nous donc bien de toucher à l'état de distribution actuel de la propriété, du capital, crainte de porter la main, non pas seulement sur l'état de distribution, mais sur l'objet même de la distribution, c'est-à-dire sur la propriété, le capital, et de les mettre en péril. Le capital est l'excédant de la production sur la consommation des peuples; il est le résultat de leurs économies; il est l'instrument du présent, l'espérance de l'avenir.

Mais si le capital doit être respecté, il convient aussi d'assigner la limite de ses droits, ou plutôt la limite des droits de ceux qui en sont les possesseurs.

Je n'ai jamais compris cet axiome : *jus uti et abuti*, qui servait à qualifier la propriété, et je suis persuadé que ce *jus perfectum* va cesser d'être enseigné dans nos écoles.

En effet, pour jouir de ce droit *divin*, j'ose l'appeler ainsi, il ne faudrait rien moins à la propriété que *d'être par elle-même*, « quia sum. » Mais quelle fortune, celle-là même dont le possesseur seul a bâti l'édifice, quelle fortune, disons-nous, peut dire *qu'elle est par elle-même*, qu'elle ne doit rien à la société, qu'elle est le résultat d'une œuvre entièrement individuelle, et pas au moindre degré collective? Aucune. Toute fortune a pour source ou le bénéfice ou l'épargne. Qu'est-ce que le bénéfice, sinon un prélèvement sur les relations avec autrui, sinon un résultat auquel ont concouru et le chef d'industrie, et ses subordonnés, et ses clients, sinon enfin une œuvre collective? Qu'est-ce que l'épargne, sinon une restriction de dépenses au préjudice de la consommation, et, par conséquent, de la production; sinon un lèse-écoulement des produits de la société, sinon enfin un enrichissement individuel par voie de privations collectives, puisque l'épargneur aura fait subir l'épargne, non-seulement à lui-même, mais à tous les producteurs, au profit desquels se serait répartie la dépense de la somme épargnée.

Voilà pourquoi je ne puis admettre la propriété, le capital que comme un fait, un fait qu'il faut, uniquement par spéculation d'intérêt social, maintenir, se garder de déplacer, mais dont il faut définir les droits différemment qu'ils ne l'ont été jusqu'ici.

De ce que nous avons vu que le capital était une chose sociale, le produit d'une action collective, il va de soi que ses obligations doivent être sociales, collectives.

Ainsi, chaque fois que le capital suit une direction tout à fait individuelle, il fait fausse route; chaque fois qu'il férie, qu'il reste stérile, improductif, il lèse la production d'où il dérive et à laquelle il manque.

C'est donc une direction sociale et un mouvement incessant qu'il importe d'assigner au capital, et c'est à l'exécution de ces trois mesures:

1° Respect du *statu quo* quant à la possession du capital;

2° Délimitation juste des droits;

3° Et prescription rigoureuse des devoirs du capital, que nous devrons, je crois, le rétablissement de l'ordre, c'est-à-dire la transformation du mode actuel de notre société en un mode nouveau, qui seul réalisera nos principes de liberté, égalité, fraternité.

§ 3. — PART D'ACTION DU GOUVERNEMENT DANS LA TACHE D'ORGANISATION.

Au commencement de ces réflexions, j'ai dit, parlant de l'intervention du Gouvernement dans la fixation des heures de travail : « Ç'a été là un premier pas dans une voie funeste. »—Aussi, à cette heure, dois-je, tout en maintenant le principe qui l'a dicté, modifier ce jugement sur l'intervention du Gouvernement dans la durée du travail, et déclarer qu'isolée et n'ayant pas été suivie d'autres mesures analogues, comme je le redoutais, cette mesure, toute de circonstance, a été sage et opportune.

Mais le Gouvernement se tromperait gravement, selon moi, s'il regardait comme un moyen d'organisation l'intervention entre le maître et l'ouvrier; il se tromperait plus gravement encore en adoptant, avec M. L. Blanc, l'établissement d'ateliers nationaux comme un moyen d'organisation.

Non, le Gouvernement ne peut intervenir entre le patron et l'ouvrier. Il faut que l'accord entre le patron et le travailleur soit consenti, réglé de gré à gré par les parties au point de vue d'une condition de production la meilleure possible, et non imposé. Le Gouvernement ne peut qu'encourager, provoquer cet accord, en éclairant le patron et le travailleur sur leurs vrais intérêts. Que la lumière se fasse aux yeux des uns et des autres, et l'antagonisme aura bientôt disparu.

Le Gouvernement ne peut non plus se faire travailleur par la création d'ateliers nationaux. En le faisant, ou bien il absorberait tous les travaux, et son action, substituée à l'action individuelle et s'exerçant par des commis et des travailleurs réduits au rôle de machines, serait-elle plus et mieux productive que *l'action individuelle par association?* Ou bien il n'exercerait son action que sur certaines branches ou certaines portions de la production, et alors ses bénéfices ne seraient-ils pas la contre-partie de la perte éprouvée par les ateliers particuliers concurrents des siens? Et, dans ce cas, quel bénéfice pour la société en général?

Le Gouvernement est et ne doit être que l'administrateur, l'économe de l'État, de la société. Qu'il encourage le principe d'association, qu'il l'inscrive dans nos lois : fort bien. Mais qu'il s'en tienne là et laisse l'individualisme changer de place et dépouiller l'individu, l'homme, pour revêtir la société, l'association. Alors les services que l'on reconnaît devoir à l'individualisme profiteront à l'association. Les seuls devoirs, la seule part d'action que je reconnaisse au Gouvernement dans le travail de l'organisation, sont donc des devoirs d'administration et des devoirs de centralisation et de distribution.

Définissons :

Par devoir d'administration, j'entends que le Gouvernement apporte une stricte économie dans nos dépenses et fasse une juste répartition des impôts à recouvrer pour solder ces dépenses. Que nos cinquante ou soixante mille fonctionnaires oisifs rentrent dans la classe des producteurs, et notre production s'augmentera de leur travail, tout en voyant diminuer ses prix de revient par suite de la diminution des charges qui pesaient sur elle.

Par devoir de centralisation et de distribution, j'entends que, faisant pour l'industrie, le commerce, ce qui a été fait pour l'atelier, le Gouvernement supprime le grand intermédiaire parasite, le marchandeur du commerce, *le banquier;* que le Gouvernement, centralisant le crédit, soit le seul dépositaire du bénéfice, de l'épargne, c'est-à-dire du capital; qu'il en soit le seul distributeur au commerce, et que, par là, il réalise plus amplement son grand principe d'association en rendant communs les intérêts du commerçant et du capitaliste, par ce fait qu'il ne payerait à ce dernier, c'est-à-dire au capitaliste, d'intérêt ou de dividende qu'après une balance générale du produit du capital et du travail.

De ce fait de la suppression du marchandeur commercial, de l'intermédiaire onéreux entre le capital et le travail, il résultera que, le rôle du capital dans la production devenant plus économique, la production s'améliorera doublement 1° de l'économie dans le loyer du capital; 2° du retour à la condition de producteurs réels d'une grande partie des collecteurs actuels de l'intérêt, des commerçants en usure.

Il serait facile de développer les avantages nombreux d'une pareille mesure; je me contenterai d'en indiquer trois. Le premier, prochain, immédiat, c'est la solidarité que cette mesure établirait *ipso facto* entre le producteur et le capitaliste, le revenu du dernier devant toujours être subordonné au plus ou moins fort denier que l'État aura pu faire rapporter au capital. Le second, celui de détruire à tout jamais dans le pays les éventualités de crise, effets d'une panique résultant de l'isolement où chacun se place lors d'un événement imprévu, isolement impossible dans un système solidaire de crédit. Qui a fait notre grand mal actuel? Les capitalistes, par le retrait de leurs fonds chez les banquiers; les banquiers, par suite, en resserrant tous les instruments de crédit. Mais que subsiste une loi solidaire de crédit: assuré d'une marche normale, et n'ayant rien à redouter des paniques individuelles, le crédit marchera d'un pas toujours égal. Le troisième avantage enfin, plus éloigné, mais certain après une période plus ou moins longue, sera de nous conduire *forcément* à la réalisation de ce qu'on a toujours appelé utopie, l'égalité absolue. Et voici comment. L'État seul banquier devant chaque année, si le pays est sage, travailleur et économe, voir augmenter, entre ses mains, le bénéfice, le capital du pays, cette augmentation au profit toujours croissant des travailleurs devra avoir pour effet, d'abord d'amoindrir par l'abondance l'intérêt du capital, et bientôt après de soustraire totalement le producteur devenu capitaliste à la nécessité de louer un capital; de telle façon que, tel qui la première année aura pu, grâce au revenu d'un capital de 100,000 f., ne rien faire, devra, quelques années après, se livrer à un travail quelconque pour pouvoir vivre avec ce même capital. — Alors, évidemment, par exemple, il y aura égalité; mais égalité de moyens de bonheur.

Je résume donc la part d'action du Gouvernement en ces trois points :

1° Protection égale pour tous les intérêts, ou action morale ;

2° Sage administration des recettes et dépenses }
3° Gestion directe du capital social, du crédit } ou action réelle.

Mais surtout je lui recommanderai bien de ne pas chercher à se faire producteur ni exploitateur, mais de se contenter d'encourager, du haut de sa position de banquier unique, les producteurs et exploitateurs qui entreront le plus franchement dans des voies de régénération, d'association du capital et du travail.

§ IV. — PART D'ACTION DU CITOYEN DANS L'ŒUVRE DE LA RÉORGANISATION.

Le premier devoir du citoyen dans les graves circonstances où nous nous trouvons est une sage patience, une abnégation complète.

Que tous ceux qui souffrent en leurs intérêts attendent avec confiance et sans récriminations que l'œuvre d'organisation commence à s'accomplir ; que ceux dont la fortune, la position actuelle serait ébranlée, menacée de ruine, soient les premiers à donner des marques de confiance, et de cette manière, ils hâteront l'œuvre d'organisation et réussiront bien mieux à sauver quelques débris de leur naufrage qu'en contribuant, par les effets d'une panique imprévoyante, à en aggraver les désastres.

Ce premier devoir, *patience et confiance*, est le devoir de tous :

Patience pour le prolétaire qui, à vouloir jouir trop prématurément des fruits de l'organisation, compromettrait cette même organisation ;

Patience et confiance pour le commerçant, l'industriel, qui, par une crainte exagérée, seraient portés à ralentir leurs opérations, à restreindre leurs travaux, et qui, par ce fait, en voulant tous se mettre individuellement à l'abri, influeraient tous les uns sur les autres et causeraient mutuellement leur ruine ;

Confiance pour le capitaliste qui, par une prudence mal entendue, croirait devoir serrer les cordons de sa bourse, et non-seulement refuser à la circulation l'aliment indispensable dont il est le détenteur, mais encore lui retirer tout ce qu'il est en son pouvoir de retirer.

En un mot, *patience* pour tous ceux qui croient avoir à espérer, parce que l'*organisation* n'est pas l'œuvre d'un jour, et qu'elle ne peut s'établir dans des conditions de stabilité, que là où il y aura équité, là où chacun obtiendra du consentement général, c'est-à-dire des lois, l'amélioration à laquelle il a droit ; et *confiance*, enfin, pour tous ceux qui croient avoir à craindre, parce que, je le répète, organisation c'est justice et non pas dépouillement.

Mais, à côté de ces devoirs, il en est un autre que tout citoyen doit pratiquer, le *dévouement*.

C'est surtout à l'accomplissement de ce devoir que nous devrons la prompte et bonne solution du problème qui nous occupe. En effet, on comprendra que, pour refaire en quelque sorte la société, la constituer sur des bases de justice par l'anéantissement des priviléges, il ne faut rien moins que l'abnégation, l'initiative presque de ceux que le privilége a mis en dehors de ces bases, comme il faut aussi de la modération et une sage attente de la part de ceux qui sont appelés à jouir des bienfaits de la nouvelle organisation. Hors de là, il n'y a que lutte, lutte passionnée qui pourrait dégénérer en une mêlée affreuse (1). Sans doute le privilége y succomberait (2), mais même alors, ce dénoûment, le plus heureux des deux, serait encore regrettable, parce que d'oppresseurs, les gens du privilége passeraient au rang d'opprimés.

Qu'il se dévoue donc de sa personne le prolétaire qui souffre et attend après la prompte organisation du travail ; qu'il se dévoue de ses biens celui-là qui, à côté de lui, voit un frère souffrant, et que par la charité il commence individuellement ce que la société est appelée à réaliser pour tous : la *justice*.

(1) Juin n'a que trop justifié ces paroles.

(2) Il n'est pas besoin de dire que ce paragraphe entier roule sur une hypothèse que nous n'avons pas à craindre de voir se réaliser, celle d'un déni de justice par l'Assemblée aux exigences légitimes du peuple.

ÉTUDES

SUR

LA SITUATION.

DEUXIÈME PARTIE.

Étude et Organisation proposée du Crédit.

Nous avons vu que la cause du désordre social était *la révolte du travail contre le capital*, et que le remède ne pouvait être dans une fixation plus ou moins arbitraire des heures de travail et des salaires. En effet, faire la part du travailleur, de l'ouvrier, aussi large que le voudraient la nécessité, la justice, c'est continuer l'antagonisme, et, changeant les rôles, exploiter, ruiner le patron, c'est-à-dire le capital ; c'est enfin renverser les termes de la proposition, et non pas résoudre le problème, qui est de *mettre d'accord le capital et le travail.*

Faisons donc table rase des questions de détail entre patrons et ouvriers, et laissons aux deux parties, à l'expérience et à la force des choses, le soin de les résoudre. Il suffit que l'égalité devant la loi ne soit plus une chimère, et que Thémis tienne d'une main impartiale sa balance entre patrons et ouvriers; il suffit que la loi, qui est la garantie de tous, soit l'œuvre et des uns et des autres, pour être certain que désormais l'asservissement des travailleurs est impossible ; si le travail a besoin du capital, le capital a plus besoin encore du travail : sans le travail qui le fructifie, le capital meurt. Laissons donc là, pour le moment, les disputes sur les salaires, les recherches sur le maximum, le minimum, l'unité de besoin, etc., et, nous contentant d'encourager patrons et ouvriers au régime d'association, occupons-nous de trouver une loi générale qui règle non-seulement le rapprochement, mais le *contact direct et forcé*, mais *la solidarité entre le capital et le travail.*

Je m'explique :

Quel contact direct y a-t-il du capital et du travail dans les opérations du marchand détaillant?

Il tient son crédit du marchand en gros, qui du fabricant, qui d'un banquier, qui du capitaliste. C'est du crédit en quatrième main ;

Quel contact direct dans les opérations du manufacturier?

Il tient son crédit partie d'un marchand de matières premières, qui du banquier, qui du capitaliste; et partie d'un banquier, qui du capitaliste. C'est du crédit en deuxième et troisième main.

Enfin quelle solidarité y a-t-il jamais eue entre le capital et le travail? Toujours avide de fournir au travail sa coopération dans les jours heureux, le capital a toujours lâchement abandonné son frère en production, à la moindre apparence de danger. Loin de les développer, de les fertiliser, il a toujours atrophié les forces, les moyens du travail, dont l'unique tâche, jusqu'ici, a constamment été de réparer dans les bons jours les échecs que l'instinct égoïste du capital lui a fait subir dans les mauvais.

Donc tout le remède est là :

Rapport direct et solidarité entre le capital et le travail.

Que tout capital devienne national ; que tout placement de fonds se fasse dans les mains de l'État, et aucun de particuliers à particuliers ;

Que tout le capital soit géré par l'État pour le compte des capitalistes et par lui directement déversé à l'agriculture, au commerce, à l'industrie, auxquels lui seul devra et pourra servir de banquier ;

Et bientôt nous verrons par cette combinaison :

1° Diminuer le loyer, l'intérêt du capital d'au moins 8 à 10 pour cent pour l'agriculture, et 6 à 7 pour cent pour le commerce; c'est-à-dire la production arriver avec un prix de revient amoindri d'autant ;

2° S'augmenter matériellement la production par la rentrée dans la classe des producteurs réels, de tous les marchands d'argent, de tous les parasites intermédiaires entre le capital et le travail.

Concurremment à ce système, que le gouvernement réalise grandement toutes les économies possibles sur les frais d'administration du pays; qu'il établisse plus équitablement l'assiette des impôts destinés à solder ces frais ;

Et nous verrons :

1° La production, déchargée encore de ce côté d'une façon sensible, offrir des prix de revient d'autant améliorés ;

2ᵒ Revenir encore à la condition de producteurs réels tous les budgétivores écartés.

De cette façon, tous les objets de production arrivant à plus bas prix sur les marchés, la vie devient plus facile pour l'ouvrier, et son salaire, insuffisant aujourd'hui, lui permet de pourvoir abondamment à tous ses besoins; s'il s'est associé avec son patron, individualiste au point de vue de l'atelier dont il est un des membres, un des associés, l'ouvrier, par suite du désir de faire mieux, par le mobile de la concurrence, l'ouvrier, disons nous, sera le premier à provoquer une réduction de salaires lorsqu'elle sera possible, certain de retrouver au bout de l'an en bénéfice, en capital, ce qu'il aura perçu en moins en salaires;

De cette façon se réalisera ce que je disais au § 1ᵉʳ, que l'heure était venue, l'heure de la justice, de l'affranchissement et de l'égalité.

En effet, du moment où par la substitution de l'État au banquier la gestion entière du capital appartiendra non plus au banquier, non plus même au capitaliste, mais uniquement à l'État, on comprend que tout citoyen, dans des conditions réglées de sécurité pour le capital social, ait droit à sa part proportionnelle dans la distribution de ce capital aux producteurs à titre d'instrument de travail; il y aura là justice et affranchissement, car le producteur n'aura pas à traiter de serf à maître avec le capitaliste, mais bien à réclamer de l'État un droit, c'est-à-dire sa jouissance proportionnelle du capital social; il y aura égalité, car ce droit sera celui de chacun, du plus chétif travailleur au plus puissant industriel, et ce droit n'aura pour limite que les règlements conservateurs du capital social, conservateurs des droits des propriétaires de ce capital social.

Mais dans quelles conditions pourra s'établir le contact direct entre le capital et le travail par l'intermédiaire de l'Etat? Quelle formule résolutoire du problème avons-nous à déduire des études qui précèdent?

La grande difficulté d'assigner au capital la limite de ses droits et sa part de devoirs, sans atténuer sa jouissance présente, et en lui conservant sa fonction dans la production et sa quote-part dans les résultats, devait naturellement me conduire à examiner le rôle actuel du crédit dans la production.

Toujours préoccupé de l'idée première d'améliorer le sort du travail et convaincu de l'impossibilité d'en trouver les moyens ailleurs qu'en dehors des relations de patron à ouvrier; fermement résolu, pourtant, à respecter les droits du capital, au moment où la logique me prouvait que là seulement gisait le besoin et était possible la condition de l'amélioration cherchée, le crédit m'a paru devoir être l'objet premier de mon investigation et de nos réformes, et c'est le résumé succint de ce nouvel ordre de réflexions qui suit, sous forme de lettre aux Représentants du peuple, membres de l'Assemblée nationale.

ORGANISATION NOUVELLE DU CRÉDIT.

Pétition qui demanderait à être vue par le Comité de Crédit et des Finances, avant la discussion du projet d'établissement des Comptoirs d'escompte.

AUX CITOYENS REPRÉSENTANTS DU PEUPLE, MEMBRES DE L'ASSEMBLÉE NATIONALE.

CITOYENS REPRÉSENTANTS,

Au lendemain de notre Révolution, quand surgit le problème de l'organisation du travail, au lieu de prendre la question par la base, par le crédit, on eut le tort de la prendre à un de ses derniers phénomènes, c'est-à-dire au point des *relations entre ouvriers et patrons*.

En effet, avant de songer à régler les conditions de ces relations, ne devait-on pas s'inquiéter :

1° Des lois qui sont la raison d'être de ces relations elles-mêmes, et qui, tant qu'à leur égard sera maintenu le *statu quo*, empêchent d'y toucher, sans pour ainsi dire, tuer ces relations, tuer la production?

2° Des moyens de pourvoir à l'ébranlement inévitable qui devait suivre la Révolution, en consolidant ou réorganisant tout d'abord l'élément qui alimente ces relations de travail, qui alimente la production?

La première de ces considérations eût démontré que la position du patron est généralement telle en France, que l'aggraver par augmentation de salaires ou par diminution d'heures de travail, c'est l'anéantir, en ce que c'est placer l'industriel français dans des conditions d'infériorité trop flagrante au vis-à-vis de ses concurrents étrangers. C'est tout à la fois lui fermer les débouchés du dehors, et ouvrir nos marchés à la production étrangère.

La seconde des considérations ci-avant nous eût peut-être, je l'avoue, privés de dissertations éloquentes et profondes sur le *quantum* sur *l'unité de besoins*, mais elle nous eût fait reconnaître que le plus pressé était de maintenir tendu et fonctionnant le ressort qui donne vie aux relations entre patrons et ouvriers, *le crédit*, et que ce n'est pas au moment où la production s'en va mourante, atteinte qu'elle est dans le premier de ses membres, le crédit, qu'il convient de porter le scalpel sur le second, le travail.

De ces deux considérations bien mûries, en renversant leur ordre, on eût déduit ces deux nécessités correspondantes :

1º Soutenir avant tout le crédit, pour ne pas laisser s'éteindre le fourneau de la production ;

2º Améliorer, réorganiser les conditions du crédit, pour pouvoir, au moyen de l'économie apportée dans le rôle de cet élément de production, améliorer d'autant le sort de son élément confrère, le travail.

Depuis que vous êtes assemblés, citoyens Représentants, les considérations ci-dessus se sont fait jour, il est vrai, et différentes propositions ont été faites, deux principales surtout, qui contiennent en principe toutes les autres, et que je vais examiner brièvement.

La première veut rétablir le crédit, la circulation du capital, au moyen de la création de comptoirs d'escompte, dont le capital sera fourni par.... Mais, je m'arrête. N'est-ce pas là, citoyens représentants, traiter la difficulté par la difficulté ? En effet, que nous manque-t-il ? Un capital. En quoi consiste le remède ? En un appel au capital ; capital privé, capital des communes, capital de l'Etat. Mais le capital privé se cache et se cachera, puisque c'est là le mal à guérir. Le capital des communes ? tous les jours vous décrétez pour elles des autorisations d'emprunts. Le capital de l'Etat ? les livrets des caisses d'épargne et les bons du Trésor, ainsi que le déficit constant de nos budgets peuvent donner la mesure du degré d'efficacité de l'intervention de l'Etat en cette circonstance. Capital privé alarmé, capital de la commune et de l'Etat purement négatif et même plutôt passif qu'actif, telle est la situation. On décréterait donc comptoirs d'escompte sur comptoirs d'escompte que l'on n'aurait absolument rien fait, par suite de l'impossibilité de réaliser les millions nécessaires à former leur capital.

Le second remède, d'une novation plus hardie, consiste ou en une mobilisation du capital foncier, ou en une banque d'échange.

Pour les résultats à espérer de la mobilisation de la propriété, nous avons l'exemple des assignats hypothéqués sur les biens nationaux et du peu qu'ont produit ces biens immenses.

Quant à l'idée d'une banque d'échange, malgré toutes les précautions de factures acceptées, de consignations, etc., le seul fait de représenter dans la circulation, par du papier, des valeurs, les unes actives, les autres dormantes, et d'autres même à l'état d'embryon seulement, ce seul fait joint à l'action facultative, isolée, et non générale et forcée de cette banque est pour moi une condition certaine de son naufrage.

Ce n'est donc ni un appel au capital pour guérir le capital; ni la mobilisation de ce qui est et doit rester immobilisé à peine de s'engloutir dans un naufrage général si on l'engage dans un rôle qui n'est pas le sien (1); ni la représentation de valeurs superfétatives (valeurs consignées) ou de valeurs à naître (marchés acceptés, services à rendre) comme le propose la banque d'échange, ce n'est aucun de ces moyens qui peut résoudre la difficulté. Ils ne pourraient faire que l'aggraver.

Revenons donc, citoyens représentants, aux deux nécessités reconnues et posées ci-avant.

Ces deux nécessités étaient celles du 24 février; les circonstances sont telles aujourd'hui que toutes deux se résument en une seule, *réorganiser le crédit.*

En effet, soutenir le crédit n'est plus possible; il est mort. Le rétablir seulement, c'est-à-dire le rétablir dans ses anciennes conditions d'être, c'est reconstruire une machine vicieuse qui, à pareil moment et dans pareille circonstance, causera les mêmes désastres, et qui, tout allât-il encore au mieux, par ce fait qu'elle exigerait toujours une aussi forte dépense de roulement en intérêts, commissions, changes, etc., ne laisserait aucun moyen d'améliorer les salaires, ce qui est, vous vous en souvenez, le point de départ de notre proposition et notre but.

C'est donc une autre loi de crédit qu'il faut trouver, celle qui a servi jusqu'ici étant insuffisante.

En trois lignes voici l'histoire de la loi de crédit actuelle :

1º Echanges matériels. — La monnaie est inconnue ;

2º Ventes contre argent. — La lettre de change est inconnue ;

(1) La richesse, le vrai capital d'un peuple, le fruit de la victoire de l'homme sur la matière, c'est la valeur immobilisée : le sol fertilisé et augmenté de valeur par la culture; les habitations plus commodes, les villes assainies et embellies par l'industrie, voilà l'immeuble; c'est une quasi-réserve qu'il ne faut jamais attaquer.

3° Négoce sur signatures. — La lettre de change existe.

Nous en sommes là jusqu'à plus ample perfectionnement du crédit.

Quelques mots de critique du système actuel, en nous donnant la raison de son inefficacité complète à de certains moments, devront, ce me semble, nous indiquer les points où il faut porter remède.

La seule cause du temps d'arrêt que met à fonctionner, en temps de crise, le système actuel de crédit, et des malheurs où nous plonge ce temps d'arrêt, réside dans l'incertitude pour celui qui reçoit une lettre de change de pouvoir s'en servir, incertitude qui prend sa source dans la non authenticité de la valeur exprimée par la lettre de change : il est si facile d'écrire *bon pour*.... et de signer !

Or, c'est là une cause essentiellement raisonnable et juste, et dont l'effet se reproduira toujours, d'une façon inévitable dans des circonstances données, par des catastrophes financières et industrielles. Qu'en devons-nous conclure, citoyens représentants ? sinon que tout système qui a contre lui une raison radicalement juste et inévitable de mort ou de maladie est un système radicalement mal constitué, radicalement faux et vicieux.

Cherchons donc autre chose qui satisfasse à ces conditions-ci :

Ne mettre dans la circulation que des valeurs essentiellement mobiles ;

N'y laisser se glisser aucune valeur factice ;

Que la mobilisation de tout ce qui est mobilisable soit tellement générale qu'aucune valeur de cette nature ne reste un instant oisive ;

Que le caractère d'authenticité soit général et le même pour toutes les valeurs ;

Que cette authenticité soit le gage certain d'une value bien réelle ;

Et ne perdons pas de vue que le système qui doit remplir ce programme devra être aussi d'un fonctionnement plus économique, afin de laisser une marge dont puisse profiter le second élément de la production, le travail ; afin de permettre une amélioration dans les salaires.

Citoyens représentants, je crois, je dirai plus, je suis certain d'avoir trouvé ce système, satisfaisant à toutes les exigences ci-avant posées et ne présentant aucun des inconvénients de son devancier.

Il consiste simplement dans une application générale de ce que fait journellement la Banque de France en matière de comptabilité par ses virements (non par son escompte et ses billets), il consiste enfin dans une *comptabilité nationale et générale*, sans plus aucun billet ni lettre de change.

Et d'abord que la nouveauté, l'étrangeté du moyen ne vous effrayent pas, pas davantage que son plus ou moins de praticabilité. Le moyen en lui-même? C'est la *simplification de la Banque*, *de l'escompte et du recouvrement*, pas autre chose. La praticabilité? Vous en jugerez par le peu de peine que, je le pense, vous allez avoir à en saisir le mécanisme.

Supposez, citoyens représentants, rendu, mis à exécution et fonctionnant, le décret suivant :

PROJET DE DÉCRET.

Art. 1er. Il sera créé dans chaque commune, (ou toute autre circonscription) et à l'élection, une *sous-commission de crédit* par chaque nature d'industrie.

2. Dans chaque localité sera créée, aussi à l'élection (au 1er degré, en même temps que les sous-commissions, ou au 2e degré exercée par les sous-commissions, ce dernier mode paraît meilleur) une *commission de crédit*.

3. Des règlements administratifs détermineront pour chaque localité et le nombre des sous-commissions et le nombre des membres des *sous-commissions* et de la *commission de crédit.*

4. Au vu d'un bilan dressé et certifié exact (1), ou sur la justification d'une jouissance antérieure et habituelle de crédit (2), ou par des motifs d'intérêt public (3), la sous-commission compétente proposera, pour chaque demandeur, une ouverture de crédit sur lequel statuera définitivement la commission de crédit.

5. A chaque industriel, après son accréditement, sera délivré un carnet où sera inscrit, par *Doit* et *Avoir*, le total de son actif et de son passif, et en tête duquel sera mentionné le chiffre de crédit ouvert par la commission de crédit.

6. L'accrédité, devenu ainsi *compte courant*, pourra trafiquer sur tout le territoire et y acheter jusqu'à ce que son carnet atteigne en débit (par balance bien entendu) le chiffre du crédit à lui ouvert.

7. Le mouvement des comptes courants s'exercera comme suit : l'acheteur remettra à son vendeur un mandat de virement au profit du dernier ; le vendeur devra écrire lui-même au débit du carnet de son acheteur le mandat de virement qu'il en recevra.

8. A chaque commission de crédit sera attachée une *comptabilité des*

---

(1) Base : garanties présentées.
(2) Idem : capacité et moralité.
(3) Encouragement en faveur des associations d'ouvriers, par exemple.

virements et une *caisse des recettes et payements*. La première portera au crédit des vendeurs les mandats de virement que ceux-ci lui verseront et les inscrira ou les enverra inscrire au débit des acheteurs ; la seconde opérera recettes et payements au moyen d'un même mouvement de mandats de virement que les autres simples comptes courants.

9. Les virements s'opéreront par toute la France.

10. Les inscriptions au débit des carnets pourront être faites de toutes mains ; celles du crédit devront porter le caractère authentique de la comptabilité des virements).

11. Toutes opérations et par conséquent tous mandats de virement seront toujours valeur du jour, (la réciprocité du comptant équivalant à la réciprocité du terme).

12. Fin d'année, les comptes courants seront calculés en intérêts, à un taux tel qu'il puisse servir..... 0/0 aux comptes courants créditeurs (1).

13. Fin d'année, chaque compte courant devra faire son inventaire, et en soumettre le résultat à la commission de crédit, qui statuera sur les modifications à apporter au chiffre de crédit précédemment alloué et au besoin, dans l'intérêt de la conservation du capital, pourra ordonner la mise en liquidation du compte courant.

14. A chaque fin d'année, pour la balance des comptes courants non valeurs, mis en liquidation par la commission de crédit, il sera calculé une prime de ..... 0/0, imputable proportionnellement au chiffre capitalisé dans l'année, tant aux comptes courants commerçants bénéficiaires, qu'aux comptes créditeurs (capitalistes, bailleurs de fonds et rentiers) (2).

15. Toutes opérations particulières de crédit, telles que prêts d'argent sur billets ou hypothèque, escompte, etc., sont interdites, tous capitaux disponibles devant être versés aux commissions de crédit contre remise de carnets créditeurs.

Supposez, citoyens représentants, un pareil décret rendu et mis à exécution, et vous y verrez la réalisation de tout ce que je vous ai promis.

Toutes les valeurs mobiles sont mises en action de suite sans qu'une seule reste oisive, sans qu'il se puisse glisser dans le nombre de va-

---

(1) Le taux à imposer aux comptes courants débiteurs sera nécessairement moindre que le taux à servir aux comptes courants créditeurs.

(2) Cette prime sera toujours excessivement minime et de beaucoup inférieure à ce qu'un commerçant peut perdre, ou un rentier, par faillites.

leurs factices, et sans qu'il soit besoin du concours rétif, peureux et égoïste du capital.

Vous obtenez une organisation réelle du crédit, en ce que vous substituez au crédit privé, qui donnait vie à telles ou telles conceptions, à telles ou telles signatures, le crédit public, qui donne vie à toutes valeurs réelles existantes, gerbe, matière première, étoffe, machine, et joue envers elles le vrai rôle du crédit, le seul qui lui appartienne, celui de véhicule entre le point de création et le point de consommation.

Vous purgez la production de la lèpre de la banque, de son cortége de commissions, provisions, change, et de ses 1/8, 1/4, 1/2 pour 100 dévorants.

Vous placez le commerce sous la sauvegarde de l'honneur, le forcez à la bonne foi, et mettez la production pour jamais à l'abri des crises financières, par ce fait qu'elle se trouve soustraite aux caprices et aux paniques du capital, et à l'aiguillon mortel de l'échéance.

Enfin, vous avez organisé le travail, en ce sens que vous avez posé des bases plus économiques et pourtant inébranlables de production, qui vous laissent place à perfectionner et améliorer le travail.

Que cette nouvelle loi de crédit, citoyens représentants, soit accueillie par vous avec faveur, que sous l'empire de son exécution le principe d'association se propage, et bientôt, je l'espère, forte de son union, forte de son intelligence et de ses moyens, la France agricole n'aura plus rien à demander à ses voisins que les produits étrangers à son sol, la France industrielle rien à redouter de la concurrence. Alors les marchés étrangers étant abordés par nous dans ces conditions d'égalité, que la victoire soit au plus méritant.

Paris, Juillet 1848.

J. D. BERNAUD.
Rue de Laval , 1.